I0829965

Libjpg

(Julielis Parra)

Mundo efímero

Ilustración de la cubierta: © **Darlyn González**
Diseño y edición: **TapArte**, Venezuela.
Barquisimeto, Lara.

Primera edición en esta presentación: **2018**

A Dios por darme uno de los talentos más bonitos,
el de la escritura.
A mi madre por siempre estar ahí y apoyarme para
que este sueño se cumpliera.
A los que siempre me han leído desde el principio y
se han quedado conmigo.
Y a ti,
que le diste la oportunidad a este libro.

Tú

Tú,

que llegaste sin tocar la puerta y entraste a mi vida
con pasos seguros.

Tú,

que te hiciste cargo de todas mis cicatrices con una
delicadeza increíble.

Tú,

que me inspiraste con tus ojos y sonrisa.

Tú,

que bailabas una danza desconocida para mí y aun así
quería seguirte el paso.

Tú,

que no me compraste flores, sino que la sembraste en
el patio para que las mirase cada vez que se quisiera
desbordar mi llanto.

Tú,

que me miraste a los ojos y me hiciste pestañear
primero con tu determinismo.

Tú,

que hablabas de la vida como si supieses que nunca te
iba a fallar.

Tú,

que me miraste a la cara en mis noches de insomnio y
aun así me dijiste guapa.

Tú,

que me hacías amarte siempre con locura pero de una
forma equilibrada.
Tú,
que cuando me hallaba desnuda y llorando frente a ti,
sólo me arropaste y mimaste.
Tú,
que creíste en mí cuando ni yo lo hacía,
tú.

Desde que te conocí

Desde que te conocí mis ganas comenzaron a jugar a
ser par.
Poseía las mismas ganas de cogerte,
que de conocerte.
De estar para ti para hacerte llegar,
y para limpiarte cada vez que necesitaras llorar.
Desde que te conocí,
me enamoré de tu dicotomía constante,
de tus ganas de comerte el mundo
y de tus ganas de vomitarlo.
De tus ganas de ser luz,
ser noche
y viceversa
una
y otra vez.
Me enamoré de ti
así,
con tus lágrimas invadiendo tu risa
y con tu risa invadiendo tus lágrimas,
así,
un poco a lo loco,
a lo complicado
tal cual tu estado de ánimo.
Pero no me importa,
mi amor,
porque déjame decirte

que desde chiquita
el sol me gusta tanto como la luna,
el amanecer tanto como el atardecer,
y que para mí no es problema si ríes
o lloras,
porque aun cuando la segunda me cause angustia,
sé que nunca lo harás por mí
y la primera sí.

No quiero

Yo no quiero ser turista en tu corazón roto,
quiero colonizarlo,
sanarlo,
reconstruirlo
y cuidarlo.
Quiero que las personas en vez de ir a Roma
compren un boleto directo para conocerlo.
Pero,
soy tan exigente,
amor,
que quiero que tu corazón se convierta en la octava
maravilla moderna para que nunca más te desprecies
por tus grietas,
para que entiendas que puedes ser amado
aun cuando intentaron destrozarte tus amores
pasados.
Pero ya no hay que temer,
sabes que conmigo
ya no habrá dolor,
porque desde el primer segundo en el cual tu mirada
se topó con la mía
supe que me hallaba perdida
y la única manera de (re)encontrarme
era buscando el camino que me llevaba a tus labios.

Nunca más

Nunca nadie me advirtió del peligro que habitaba en
tus ojos,
y te vi,
y me sentí caer por el más grande abismo,
por el universo más complejo.
Me vi sumida en ti
aferrándome a tus sueños,
a tus sentimientos,
y caí.
Cuando me besaron tus labios me sentí desvanecer,
y al mismo tiempo,
renacer.
Tus manos exploraron mis caderas,
la curvatura de mi cintura,
la parte baja de mi cuello,
mientras yo intentaba hacerme entender que lo que
sentía era real,
tu aliento rozándome
el latido de tu corazón,
tu aroma impregnando cada poro de mi piel.
Ya no sabía distinguir donde terminaban mis labios y
comenzaban los tuyos, ni cuál de las dos lenguas iba
ganando esta batalla apasionada.
Yo sólo quería que el tiempo pasara lento,
que los segundos se multiplicasen, para así,
nunca más sentir la lejanía de tu cuerpo.

Nací soñadora

No nací conformista,
nací soñadora.
No creo estar en este mundo para aceptar las sobras
de un amor vacío,
de esos que dicen quererte
y te apuñalan en la espalda con un filo.
No podría andar por ahí sabiendo que voy aceptando
menos de lo que merezco,
allá aquellos que no se aprecian a sí mismos y se
vuelven conformistas de esta vida,
allá aquellos a los que no les enseñaron la belleza de
la esperanza
y andan sin rumbo con la mirada perdida
y una sonrisa que sólo refleja lo desgraciada que es su
vida.
No soy de las personas a las que les da miedo la
soledad,
más bien,
me dan lástima aquellas personas que están en un
lugar simplemente por estar.
Si me toca conformarme con menos de lo que doy,
lamento decirles que no,
que para eso,
No nací yo.
Y me entristece saber que existen personas con la
mente y la esperanza tan pequeña,

que se las dejan aplastar por cualquiera.
Que creen más en los totales parciales,
que en los generales,
que no sueñan con conocer,
viajar,
experimentar,
que se encuentran estancadas en sus vidas minúsculas
sin ver más allá.
Y llámenme ingenua,
o lo que sea,
pero este mundo sólo lo aprecia la gente que piensa –
a lo grande-.

Como si estuviese volando

Llegaste,
restaurando el orden de mi vida y haciéndome ver que
no se vive bien con miedo,
que en las batallas no se pierde nunca si se pelea con
el alma
y que los rasguños siempre sanan cuando de verdad
se ama.
Y podría decir que,
desde que me encontré mirándote como nunca antes
lo había hecho
comprendí que habías llegado a mi vida para
enseñarme,
para hacerme entender que todo es mejor cuando nos
arriesgamos,
cuando apretamos el acelerador,
bajamos las ventanillas
y respiramos hondo sin importar si chocamos;
que la vida es un sube y baja
y que contigo,
aun cuando estoy abajo
me siento como si estuviese volando.
Llegaste,
haciéndome ver que los inviernos son mejores cuando
tienes un abrazo a donde resguardarte,
deshaciéndote de todos mis «yo nunca» para
convertirlos en momentos contigo.

Y de pronto,
comenzaste a habitar en los lugares donde sólo
deambulaba sin ver más allá,
para convertir mis momentos en recuerdos
placenteros
y mis rincones favoritos en una persona:
Tú.

La belleza de la desnudez

Me gustan las personas que encuentran su libertad en
la desnudez,
desnudez del cuerpo,
de la mente,
del alma.
De esas que no se dejan gobernar por tabúes y se
sienten libres mostrando sus instintos primitivos.
Me gustan porque en sus mentes
habitan monstruos sedientos de aprender
saber,
conocer.
Poniendo en duda todas las respuestas,
sacando se ellas más preguntas,
para así,
internarse,
profundizarse,
viendo lo que nadie ve,
oyendo lo que nadie oye,
lo que todos ignoran,
lo a que a casi nadie le importa saber.

Ya te buscaba

Y es que amor,
la desnudez te sienta tan bien,
que cuando comenzaste a quitarte la ropa
dejando caer tus complejos
y más oscuros miedos,
supe que en mi vida
vería algo más bonito que esto.
Y aun así
me miraste esperando aceptación,
pero amor,
ya yo te había aceptado desde el primer momento en
el que te vi cruzar la esquina,
ya yo me había enamorado cuando tu mirada se posó
en la mía,
ya yo te veía,
te buscaba,
ya yo te echaba de menos en las madrugadas,
y en las mañanas cuando me tocaba mientras gritaba
de manera ahogada
entre mi almohada.

Mis caminos

Quiero que todos mis caminos me lleven a ti.
Aun cuando pasen mil años,
aun cuando tenga millones de cicatrices por amores
pasados.
Quiero que todos mis caminos me lleven a ti,
porque sé que sólo tú puedes calmar esta sed tan
insaciable que tiene mi alma,
porque sé que eres tú quien logra domarme,
porque hechizas a mis demonios,
los enamoras
y se vuelven unos tontos queriendo perseguir tu
sonrisa resplandeciente a toda hora,
se convierten en amantes de tu luz
porque francamente,
lo único que habían conocido antes
era la oscuridad.
Y tú eres feliz
porque te encanta tenerme completa,
porque te encanta saber que hasta mis demonios te
adoran
y que puedes destruir mis temores con tan sólo
mirarme como lo haces ahora.
Y si acaso es tan difícil que todos mis caminos me
lleven a ti,
pues tendré que atar un hilo rojo que una tu dedo
meñique y el mío,

y que sea tan largo
pero tan largo,
que aun cuando yo esté en Venezuela
y tú en Roma,
yo lo hale
y tú lo sientas -me sientas-,
y nos sumergiremos en esa búsqueda incansable para
encontrarnos
y así
poder volver a sentir el placer de tocarnos.

Ya te echaba de menos

Aún recuerdo esa primera vez cuando me viste,
no dudaste ni un segundo en reclamarme,
era como que si ya sabías que el destino me había
llevado a ti para por siempre quedarme.
Tus ojos me miraron desde el primer instante como
diciéndome:
«Eres mía, y tú más que nadie lo sientes, lo sabes».
¿Y para qué mentirte?,
mentirme,
mentirnos,
si ya yo te buscaba en los andenes vacíos,
ya te soñaba,
francamente
ya te echaba de menos en los días fríos.

Real

Las historias a medias nunca me llenan,
así como tampoco las mentes vacías
y las palabras efímeras.
Ya sabes que soy de las que les gusta lo real,
lo complejo.
No me conformo con una persona que no me enseñe
algo nuevo,
ni mucho menos que no llene mis miles de agujeros.
Si quieres entrar a mi vida,
hazlo susurrándome al oído los misterios que aún no
he descubierto.
No quieras venir haciendo ruido con palabras que ni
tú mismo entiendes simplemente para sorprenderme,
porque créeme,
prefiero mil veces una persona que defienda sus
criterios así sea algo insólito con fervor,
que una que cambie su opinión a los dos segundos
simplemente porque la sociedad no lo apoyó.

Bocas

Las bocas no son de quienes las besan,
sino de quien las coloniza.
Porque llega alguien que te hace sentir que por tu vida
no ha pasado nadie más.
Que lo anterior sólo fue un juego
y Él
tu única verdad.
Te sientes como el ciego que ve por primera vez,
como el recién nacido que es extraído de su cueva y
comprende que el mundo
no fue lo que vivió meses atrás.
Descubres sus ojos *–abismos oscuros-*,
su sonrisa *–lumbrera de caminos-*,
y tu corazón tiembla
sonriendo a la par,
mientras piensas que lo que ves,
no puede ser real,
que es sólo una mentira de la vida,
un espejismo divino,
pero entonces te llena de besos,
dejando una estela húmeda por tu cuello,
y te crees su verdad,
mientras la haces tuya.

Me perdí

Creo que me perdí,
me perdí buscándome en senderos vacíos,
en una mente llena de enigmas *-la mía-*;
en amores efímeros
y sueños destrozados.
Deambulaba,
siguiendo los mismos pasos de hace unos años,
adentrándome más a mis pensamientos,
a mis anhelos,
y a los falsos recuerdos que yo misma creé.
Me perdí,
viendo el mismo tren que tantas veces dejé pasar
y nunca supe cómo montar.

Pareces ser

Pareces ser de esas mujeres que son capaces de llorar
mientras ríen
y de reír mientras lloran,
entiéndase que no es lo mismo llorar mientras se es
feliz,
que ser feliz mientras se llora.
De esas que ama y odia con la misma intensidad,
que es arte sin intentar,
de las que les gusta estar desnuda
porque siente
que la ropa le aprisiona,
que encuentra la paz en un suspiro
y a la que a la rutina le agota.
Que ríe y llora teniendo orgasmos
y se embriaga en verano,
de esas que huyen encerrándose en abrazos
y señalan papeles y plumas cuando hablan de la
libertad
está en sus manos.

Te quiero querer

Te quiero querer en esta vida,
y si hay otras,
también.
Porque nunca nadie había hecho latir mi corazón
como si en él estuviesen marchando mil soldados,
jamás mis temores los habían apaciguado con un
simple abrazo
y nunca un beso había destruido ese sólido muro que
en tantos años había creado para que nadie me hiciera
daño.
Te metiste tan adentro, mi amor,
como el sol en pleno verano,
ordenando el desorden que mis amores pasado habían
dejado sólo con el soplo de esos dulces labios.
Prendiste todas las luces apagadas en mi interior para
que nunca más supiese que era vivir en la oscuridad,
y me besaste los párpados
dándome el don
de ver el mundo a color
tal cual lo habías pintado.

Me hiciste enamorar

Si no me hubiese equivocado tantas veces,
si no hubiese conocido a tantas mujeres
y no hubiese presenciado la guerra y la traición en
primer plano,
seguramente no hubiese podido apreciar la paz en tus
actos y la verdad en tus labios.
Tanto fue la impresión,
que hiciste que saliera de esa nube engorrosa que
apresaba mi pasado,
haciendo que se repitiese en mi mente como disco
rayado.
Me viste perdida(o) en la soledad de un banco
y decidiste actuar,
alejándome de mi vida monocromática sin dudar;
haciéndome enamorar de las flores que cantaban en
unísono tu nombre mientras bailábamos con la brisa
fresca de la noche.

Primavera

Como quien muere en invierno y resucita en
primavera.
Te vi marchitarte en un rincón oscuro de tu
habitación,
con ojeras en tu rostro y labios rotos.
Tu mirada reflejaba confusión.
Cada lágrima que caía era un recuerdo de tu pasado.
Una pila de libros a punto de desmoronarse se
asimilaba a tu cuerpo.
Te vi,
querida mía,
te vi morir,
morir por dentro,
pero
de tu cuerpo comenzaron a nacer las flores,
rosas,
girasoles
y ese sonido silencioso de tu rotura se convirtió en
melodía;
tus ojos comenzaron a encantar una vez más,
habías vuelto a la vida,
querida mía,
junto a la primavera.

Antítesis

Lo que siento por ti va más allá de una simple
explicación lógica.
Contigo nada tiene sentido,
eres contradicción pura,
paradoja,
antítesis hecha persona.
Nadie se atreve a intentar entenderte
porque saben
que vas más allá del comprendimiento.
Tu mente,
laberinto sin salida;
tu boca,
camino a la perdición;
tus ojos,
surrealismo puro;
tu cuerpo,
lienzo lleno de pinceladas de color.
Todas las personas que pasaron por ti nunca te
olvidaron,
fuiste la persona que tocaron pero que nunca tuvieron,
la que besaron, pero nunca llenaron;
fuiste,
eres
y serás,
tesoro enterrado para cualquier mundano.

Meternos dentro

Esto se trata de ti y de mí.
De verte sonreír sumida en mis brazos
y despertar con el cabello alborotado *–repleto de
ocasos-*.
De meternos dentro,
muy dentro
de la piel,
del alma,
sin dar paso a banalidades y tempestades que
irrumpan en nuestra calma.
Todo esto se trata de cosas tan sencillas
y ordinarias
como oler flores,
contar estrellas,
buscarles formas a las nubes
y hablarle a la luna.
De cosas así,
mínimas
pero placenteras,
como tomarnos un chocolate caliente en las noches
frías
o un café fuerte a las cinco de la mañana mientras
hablamos de nuestros sueños de la madrugada.
Va de hacernos el amor con los ojos en cualquier
lugar
y a cualquier hora,

comiendo en un restaurante
o doblando en la esquina de cualquier calle,
de hablar,
de hablar hasta el cansancio y de reírnos hasta que no
quede espacio para cualquier llanto.
Y sobre todo,
trata de tener muertes placenteras
en la plenitud de un orgasmo.

Hoy

Hoy más que nunca sonrío porque estás aquí,
a mi lado,
sirviéndome de salvavidas,
brújula
e inspiración en cualquier época del año.
Me encanta la seguridad que me brindan tus brazos,
tan suaves,
firmes
y cálidos.
Sigo buscando las palabras perfectas y exactas para
describir esto que siento desde que te tengo,
-nos tenemos-
y no las encuentro,
porque nunca antes había tenido que buscarles sentido
a mis sentimientos.
pero ahora que sé que estás
puedo asegurar
que no te quiero soltar.

La vida

La vida es esa que pasa sin que te des cuenta mientras
estás tomando una taza de café
o leyendo un libro por horas.
Es esa que pasa mientras tú intentas buscar las
respuestas de muchas preguntas que no tienen
explicación.
Y pasa así,
como ese viento que te sopla el vestido dejándote casi
al desnudo.
Pasa por tus narices,
y la respiras
y no te das cuenta.
Y en el momento justo,
ése en el cual tú estás aprendiendo a vivir y te das
cuenta de cómo es el proceso,
todo termina,
porque sabes demasiado de ella.

Quiero ver

Quiero ver cómo te corres en una cama en Europa
mientras le hago el amor a tu boca.
Sentir como te mueves bajo de mí
y atrapar tus gemidos ahogados con mis labios.
Observar ese pequeño instante en el cual tu boca se
abre buscando aire y tus ojos se cierran extasiados.
Mirar tu cabello alborotado después del orgasmo
y sentir como te dejas ir en mis brazos.

Me enamoré

Me enamoré de las letras
y tus ojos,
de los signos de puntuación
y tus labios,
de los versos
y tus lunares,
de las estrofas
y tus besos,
de los párrafos
y tu espalda,
de la poesía
y tu cuerpo,
de la literatura
y de ti.

No sé

¿Las personas a las que les rompen el corazón
vuelven a ser igual?
¿De verdad los corazones rotos se curan y los ojos
vuelven a brillar en algún momento con la misma
intensidad?,
¿o sólo viven temerosos intentando que no les
vuelvan a fallar?
Yo no me imagino un corazón que luego de haber
sido roto, esté sano,
así sea dentro de miles de años.
Quizás remendado,
con grietas en los costados,
pero no me creo eso de que luego vuelve a latir igual
que cuando fue lastimado.
Y no sé quiénes son más valientes,
si los que se enamoran dispuestos a no regresar como
nuevos después de ese viaje
o los que están dispuestos a no enamorarse;
ambos son actos de valentía,
ambos pierden algo en la vida.
Quien se enamora, el hecho de seguir completo,
y quien no,
no conocer el amor.
No sé si prefiero vivir temerosa de que me lastimen
por primera vez o de que lo hagan por segunda.
Aunque si nos ponemos a ver,

la vida se basa en vivir,
sentir,
¿pero qué si luego de haber vivido, comienzo a vivir
más muerta que viva?
No sé si prefiero vivir sintiéndome plena por unos
días
o vivir sintiéndome muerta el resto de mi vida.

Me deseó

Me deseó que tuviese el más lindo de los días
y conspiró con el mundo para que así lo fuese.
Me dejó un nido de besos en las manos y susurró:
«guárdalos,
uno para cada hora,
preciosa»,
y yo no supe qué hacer
más que sonreír.
Y no por inercia,
sino con ganas,
con esas ganas inmensas que desde que llegó a mi
vida,
no abandonan mi alma.
¿Y cómo no?,
si pareciera que diese todo sin esperar nada a cambio.
¿Y cómo no?,
si pareciera que el mundo lo tuviese en sus manos.

Huir

Ya sé huir,
ahora
necesito que me enseñes a quedarme,
que me hagas ver como saltando de tu mano llego
más lejos.
Que me muestres como el invierno es más frío si
nuestros cuerpos no están unidos.
Necesito
que me mires los rasguños y sonrías,
sabiendo que para mí son como cosquillas si te
encuentras a mi lado para besarlos,
curarlos
y mirarme a los ojos
mientras me haces durante dos estaciones seguidas el
amor.
Necesito,
mi amor,
que me sueltes,
que me liberes
sabiendo que siempre voy a volver a ti impoluta,
intacta,
sin un rastro de saliva de otros labios
y con las mismas ganas de tocarte
como las del primer instante.
Te necesito sonriente
mientras yo estoy ahí,

frente de ti,

desnuda

con mis instintos más salvajes deseosos de sentirte,

comerte,

tenerte.

Teniendo como fieles testigos

tu excitación,

la mía

y nuestros miedos temerosos mirándonos desde

aquella esquina de la habitación donde tantas veces

nos tocamos con pasión.

Quédate

Tú,
mi ambivalencia y dicotomía más certera,
quien me pone y contrapone,
quien me lanza y agarra.
Tú,
quien me mata y me salva,
quien me destroza y sana,
quien me desarma.
Quédate
y embelesa mi universo con tu sonrisa inefable,
quédate
con tus ganas de revolucionar cada molécula de mi
cuerpo con tus besos suaves,
quédate aquí,
conmigo,
retándome,
reviviéndome,
quitándome miedos
y creándome nuevos.

Poesía

Deja que la poesía gobiernos tus sentidos
y ve
como de pronto,
el universo se vuelve más bonito.
Siente como comienza a apoderarse
de tus manos,
de tu boca,
de tu vida.
Y descubre como en las noches,
ya no te sientes sola,
como en el día,
las flores están llenas de vida;
y camina,
y descubre como tu mente sólo piensa en cómo volver
todo lo que ves,
todo lo que tocas,
todo lo que sientes,
en poesía.

Si la vida

Si la vida me hubiese susurrado al oído meses atrás que
a su lado iba a sentir esto,

seguramente le hubiese buscado antes.

Llegó y su cuerpo encajó a la perfección con el mío.

Me besó y encendió algo en mí que se hallaba apagado.

Y aquí estoy,

aprendiendo a cómo quererle,

sin afán -paso a pasito-,

pero bonito.

Y es que nunca me había sentido de esta manera,

completa.

Así que a usted,

le toca comprender a esta pequeña alma que comienza

a sentir,

a explorar,

a hablar.

Y si en algún momento se ha dado cuenta de las veces

en las cuales le he quedado mirando fijamente,

tengo una explicación para ello:

Necesito creerme que es verdad,

que es real,

que este es mi mundo

y no es utópico,

y que, en esta vida,

esos ojos me eligieron a mí para verme despertar.

Y mi alma tiembla

y se sonroja asustada,
entusiasmada,
a la espera de un día más,
pero a su lado.

Hielo y fuego

Ella era hielo y fuego,
vivía rozando polos opuestos;
reía como lloraba,
amaba como odiaba,
gritaba como callaba.
Un día podía ser torrente
y otro tempestad.
Ella sabía vivir,
vivir con intensidad.

Egoísta de mierda

Esa lucha interna entre ser o no una egoísta de
mierda,
entre tenerte y dejarte ir
para que seas feliz.
Esa lucha interna de querer tenerte aquí aun cuando
sé que no es lo mejor para ti -ni para mí-;
y es que en el fondo sé que tu mereces más de lo que
yo te puedo dar.
Y no quiero, no quiero privarte de que alguien te ame
desenfrenadamente -como sé que mereces, como sé
que no sé quererte-.
Porque estás para eso, para que te den todo sin
restricciones.
Y me duele,
y lloro,
pero tengo que dejarte ir aun cuando esta decisión me
deje sin ti.
Porque no mereces esperar por nadie, porque no
mereces amores a medias que sólo te llenen de
jodidas inseguridades.
Recuerda siempre, amor,
que en tu vida necesitas a alguien que te dé todo lo
que das.
Porque de eso se trata el amor,
de dar y dar
sin remediar.

Trazos, versos

Te busqué en los sueños que nunca tuve
y en los besos que nunca di.

♌

Me gusta cuando te arreglas el cabello y me picas el
ojo,
pero lo que no sabes
es que prefiero verte sin peinar,
con las mil y un primaveras
en tu cabellera perfecta.

♌

La vida está para hacernos sentir los reyes del mundo
y luego,
los más miserables.
Sí, es esa jodida dicotomía constante.

♌

Vivo de la ilusión de tocarte hasta que se me cansen
las manos, vivo de la ilusión de embriagarme en tu
aroma tan peculiar.

Y sé que cuando me sienta perdida,
sólo debo recurrir a tus brazos
ahí siempre me acabo encontrando.

♌

Yo sólo quiero que en mis letras te encuentres
y te rebeles.
Que cantes,
que brinques,
que vivas,
pero sintiendo,
siempre sintiendo,
porque vive más feliz el que lo hace así,
que el que se priva de hacerlo
-por miedo-.

♌

Quiero ser la persona que corte de raíz todo aquello
que te impida volar
y quien te coja en brazos cada vez que te quieras
lanzar al vacío con los ojos cerrados.

♌

La poesía se viste de colores cuando vienes a verme.

Poesía es verte despertar con el cabello alborotado
y sin camisa
luego de haber escuchado minutos atrás
el suave compás de tu respiración
mientras dormías.

♌

Y qué placer siento cuando tus piernas se enredan con
las mías en una noche fría.

♌

Llegaste,
salpicando de pintura todos mis lienzos con tus
sonrisas.

♌

Mírame y no creas que soy todo lo que ves,
no me encasilles,
y mucho menos
intentes buscar una palabra para definirme
y así,
simplificarme.

Mi vida cambió después de que conocí el olor de su
cuello y el calor de su cuerpo.

♌

Tus dedos,
acuarela;
mi cuerpo,
tu mejor lienzo.

♌

Supiste apreciar lo que iba más allá de mi simple
apariencia,
descubriste lo que ocultaba mis ojos
y lo que callaba mi boca.

♌

Escribo para esa musa imaginaria que se encuentra en
mi mente: Mi antagonista.

♌

Iría a cualquier lugar tomada de tu mano,
cuando estoy contigo
todos mis miedos huyen
y sólo queda un yo que a veces desconozco.

Créeme,
si años atrás me hubiesen dicho que ibas a ser el amor
de mi vida
seguramente me hubiese reído a carcajadas.
Eres lo opuesto a lo que yo creía que quería y
necesitaba,
yo quería un sol veraniego
y me viniste con mil inviernos;
me hiciste cruzar senderos para tenerte aquí y
absolutamente todo
lo volvería a repetir

♌

Tienes estrellas en el cuerpo,
abismos en los ojos
y primaveras en los labios.
Tus manos,
suaves como la seda,
sabían llevarme a la muerte con un orgasmo,
mientras que tu cuerpo,
plagado de alegría, me traía a la vida haciéndome
olvidar los malos años.

Instantes

www.ingramcontent.com/pod-product-compliance
Lightning Source LLC
Chambersburg PA
CBHW051418250726
48655CB00003B/1114